CAS DE CONSCIENCE

Posé au Comte de Chambord

DEVANT

LA FRANCE & L'EUROPE

PAR

UNE RÉUNION DE THÉOLOGIENS

DE ROME ET DE FRANCE

PRIX : 20 CENTIMES

BORDEAUX

J. LAMARQUE, IMP., RUE PORTE-DIJEAUX, 43

1881

CAS DE CONSCIENCE

Première question. — Est-il permis à un prince catholique de rester paisible détenteur d'une riche succession dont les titres sont, pour le moins, sérieusement douteux?

Deuxième question. — Ne doit-il pas éclaircir ce doute par tous les moyens que peuvent fournir les documents de l'histoire?

Troisième question. — S'il est dans l'ignorance ou la bonne foi, ses partisans ne doivent-ils pas l'en tirer, à n'importe quel prix?

Quatrième question. — S'ils ne le font pas, puisque leur cause se confond avec la sienne, ne sont-ils pas FORMELLEMENT *complices* et *responsables* de l'injustice dont le

Prince n'est peut-être que MATÉRIELLE-MENT *coupable?*

Cinquième question. — Si ce Prince refuse de s'éclairer *ou ne consulte que des hommes intéressés dans la cause,* peut-il être admis aux Sacrements de Pénitence et d'Eucharistie?

Sixième question. — Si ce doute est notoire, les offrandes de ce Prince, pour les Œuvres catholiques, peuvent-elles être acceptées *tutâ conscientiâ?*

Septième question. — Prince et partisans ne doivent-ils pas remuer ciel et terre pour découvrir la vérité et être disposés à en accepter toutes les conséquences, pour ne pas forfaire aux lois sacrées et imprescriptibles de l'honneur et de la justice?

Ces questions posées, nous demandons :

§ 1ᵉʳ. Y a-t-il un doute sérieux sur la légitimité de la succession de la Duchesse d'Angoulême par le Comte de Chambord?

§ 2. Le Comte de Chambord et ses partisans ont-ils pris tous les moyens pour éclaircir ce doute?

L'histoire de bientôt un siècle va répondre à la première question et celle d'un demi-siècle, à la deuxième.

§ 1er.

Y a-t-il un doute sérieux sur la légitimité de la succession de la Duchesse d'Angoulême par le Comte de Chambord?

RÉPONSE. — Que l'on compte les preuves si nombreuses et que l'on pèse les témoignages si concluants énumérés dans le livre « *La Survivance du Roi-Martyr*, par un Ami de la Vérité » — (en vente chez tous les libraires, prix : 3 fr., *franco*, 3 fr. 25 c.), pour établir l'évasion et l'existence de Louis XVII dans la personne de Charles-Guillaume Nauëndorff, et l'on verra s'il est un fait dont la certitude historique ait jusqu'ici été plus solidement prouvée.

Or, si ces témoignages, au jugement des esprits les plus éclairés et les plus désintéressés, suffisent pour constituer une certitude, à plus forte raison suffisent-ils pour créer un doute très-sérieux.

Le doute, et le doute le plus sérieux existe donc sur la légitimité de la succession de la Duchesse d'Angoulême recueillie tout entière par le Comte de Chambord.

§ 2.

Le Comte de Chambord et ses partisans ont-ils pris tous les moyens pour éclaircir ce doute?

RÉPONSE.— Souvent, bien souvent, ceux en faveur desquels milite ce doute ont réclamé ce qu'ils considèrent comme leur droit, ils ont tout tenté auprès du Comte de Chambord, comme leur Père infortuné avait tout tenté auprès de la Duchesse d'Angoulême; et comme jamais cette Princesse ne put être amenée à sortir de son silence, jamais aussi le Comte de Chambord n'a pu être amené à sortir du sien, quoique la Famille de Louis XVII ait épuisé tous les moyens pour lui faire arriver la vérité.

Ces faits sont patents.

Quelle âme catholique ne se sent oppressée, écrasée, en face de cet étrange phénomène ?

Quant aux partisans du Comte de Chambord, ils auraient cru faire brèche au devoûment qu'ils professaient pour le fils de la deuxième femme du Duc de Berry, s'ils n'avaient accablé de tout leur mépris les réclamations de la grandeur tombée, du droit méconnu et proscrit et de la faiblesse opprimée, repoussée, calomniée, *persécutée.*

C'est au point que, lors du plaidoyer, à jamais célèbre de Jules Favre, en 1874, la conscience du parti Chambordiste vit, sans se révolter, la sentence de diffamation prononcée *brusquement*, contre les fils infortunés du plus infortuné des pères; et cela, au moment où devait *légalement* s'ouvrir *l'enquête judiciaire* si impatiemment désirée et attendue par les amis du malheur, pour établir *péremptoirement* la valeur des preuves apportées par l'éminent avocat, pour la défense de la plus juste des causes.

Devant la suppression violente de cette enquête, comment les partisans du Comte de Chambord n'ont-ils pas protesté de toutes leurs forces, puisque cette enquête était l'unique et suprême moyen d'en finir raisonnablement avec les anxiétés d'un doute qui devait peser si lourdement sur leur conscience ?

Au lieu de cela, cette suppression a été leur triomphe...... Oui ?...... — Donc pour tout ami de la justice elle est à jamais leur sentence.

Mais allons plus avant dans le cœur de la question, et demandons-nous :

— 1° Le Comte de Chambord peut-il être considéré comme le maître réel de quelques-uns de ses biens, sous prétexte qu'il ignore invinciblement que cette portion de biens, par lui détenus, ne lui appartient pas et qu'il juge, dans sa prudence, pouvoir les considérer comme lui appartenant ? —

— Nous répondons *négativement*.

En effet, le Comte de Chambord n'ignore certainement pas que quelques-uns de ses biens viennent par succession, du Dauphin, fils de Louis XVI, et qu'il ne les a reçus suivant le droit d'hérédité qu'à cause de la mort supposée de ce Prince, à la Tour du Temple.

Il sait certainement que quelques-uns de ses biens ne lui appartiennent que dans l'hypothèse où le fils de Louis XVI serait mort réellement et n'aurait pas laissé d'autres héritiers.

Or, si le fils de Louis XVI vit, ou s'il a laissé des héritiers directs, comme nous allons le prouver, le Comte de Chambord ne peut pas l'ignorer et il doit donc savoir, à n'en pas douter, qu'une partie de ses biens appartient à d'autres.

2º Existe-t-il des documents authentiques et absolument certains qui démontrent péremptoirement l'évasion de Louis

XVII de la Tour du Temple et son identité avec Charles-Guillaume Nauëndorf ? —

— Nous répondons : *il en existe.*

Le livre « *La Survivance* » en est la preuve. Il est en effet impossible que tous les documents si nombreux et si forts exposés dans ce livre puissent être faux et supposés, du moins quant à leur partie la plus considérable et la plus probante. Cela répugne à la nature, au caractère, etc., etc., des personnes ; aux circonstances de temps et de lieu ; aux faits nombreux et aux preuves soit intrinsèques soit extrinsèques, grâce auxquelles on peut distinguer les documents authentiques des documents apocryphes ; de telle sorte qu'il est absolument impossible de mettre en doute l'authenticité et la véracité des documents contenus dans « *La Survivance* », au moins pour ce qui regarde leur partie la plus considérable et la plus concluante.

Donc les documents en question existent et l'on doit raisonnablement supposer qu'ils sont connus du Comte de Chambord comme de la France.

3° Le Comte de Chambord est-il exempt de l'obligation de restituer par cela seul que le Gouvernement français a refusé d'entendre les réclamations de C.-G. Nauëndorff et de leur faire droit ? —

— Avant de répondre directement, nous établissons d'abord quelques principes généraux : '

PRINCIPES GÉNÉRAUX

1º Celui qui retient le bien d'autrui est tenu à restituer indépendamment de toute sentence judiciaire : c'est sans l'ombre du doute.

2º Si celui qui retient le bien d'autrui est dans la bonne foi, du moment oú survient un doute, quelle qu'ait été, dans le passé, la sentence du juge, il doit prendre de sérieux moyens pour éclaircir ce doute et accepter au moins ceux qui lui sont offerts.

3º En pareil cas, une bonne foi douteuse, touchant la légitimité de la possession, n'est pas admissible; c'est-à-dire, lorsque le détenteur de quelques biens sait avec certitude que leur légitimité est hypothétique, et qu'ils peuvent être aussi bien à d'autres qu'à lui; toute la question alors est de savoir à qui ils doivent enfin définitivement revenir, et c'est ce dont il faut s'occuper sérieusement.

Si donc quelqu'un se présente, et qu'à l'aide de documents et de faits certains, il prétende établir qu'il est le propriétaire légitime des biens détenus par un autre, le détenteur est obligé de lui laisser démontrer son droit, et une fois la vérité découverte, restitution des biens doit être faite s'ils étaient détenus illégitimement.

4° Le détenteur ne peut en aucune façon se croire exempt de restituer, sous prétexte qu'un gouvernement a refusé d'entendre les réclamations du soi-disant propriétaire légitime et d'y faire droit. En effet, tout gouvernement est tenu de rendre la justice selon le droit et les lois en vigueur, et s'il commet la faute de ne pas le faire, le droit méconnu n'en conserve pas moins toute sa force au for de la conscience.

Ces principes généraux et élémentaires établis, nous revenons à la question posée et nous répondons :

— Non-seulement le refus du Gouvernement français à entendre les réclamations de C.-G. Nauëndorff et à leur faire droit n'exempte pas le Comte de Chambord de l'obligation où il est de restituer les biens qui ne sont pas à lui; mais ce refus même a consacré, pour le Comte de Chambord, l'obligation de restituer, puisque, par ce refus, le Gouvernement français, *sans le vouloir, a reconnu ouvertement l'origine royale de C.-G. Nauëndorff, et la légitimité de ses réclamations.*

La démonstration en est facile.

En effet : si C.-G. Nauëndorff eût été un imposteur, mille et mille moyens très-sûrs s'offraient au Gouvernement pour prouver et flétrir la fraude; car il était impossible que dans un cas semblable l'imposture ne fût mise au grand jour.

Le gouvernement avait donc tout avantage à le laisser exposer librement ses réclamations puisque c'était le vrai moyen de le confondre sans espoir de retour.

Et d'ailleurs, comme il ne faut supposer personne mauvais, sans en avoir la preuve, dès l'instant que C.-G. Nauëndorff élevait une contestation, selon les lois en vigueur, on ne pouvait lui refuser le droit de se faire entendre devant les tribunaux; et ses parents appelés par lui en témoignage devant les juges, par leur abstention à comparaître, commirent une faute d'autant plus impardonnable qu'ils lui étaient plus étroitement liés, puisque c'était son oncle et sa propre sœur qui évitèrent d'être mis en sa présence comme s'ils avaient redouté de retrouver vivant un parent, un frère dont la mort avait toujours été pour le moins très-douteuse.

La reconnaissance du frère par la sœur était en effet si facile, dans le cas dont il s'agit, mais le seul instinct naturel suffisait sans parler de tant d'indices et de moyens qui permettaient au frère de prouver clairement son identité, et à la sœur, de découvrir sûrement la fraude.

Le Gouvernement français, et c'est de l'histoire, ayant obstinément refusé d'entendre les réclamations de C.-G. Nauëndorf et d'y faire droit, il faut reconnaître qu'il n'a agi ainsi pour aucun autre motif que pour des motifs politiques.

Mais si C.-G. Nauëndorff eût été un imposteur, quels motifs politiques aurait pu avoir le Gouvernement français pour rejeter ses réclamations? — Evidemment aucun.

Si donc le Gouvernement français a refusé de rendre justice à C. G. Nauëndorff, pour des motifs politiques, c'était bien parce qu'avant tout examen judiciaire de sa cause, il le savait être le véritable et légitime fils de Louis XVI; il savait qu'il serait facile à C.-G. Nauëndorff de prouver, devant les tribunaux, par des arguments irrésistibles, sa légitime et royale origine.

Conséquemment, le Gouvernement français en refusant la justice réclamée par C.-G. Nauëndorff, en employant pour se débarrasser de sa personne tous les moyens violents dont parle « *La Survivance* » a démontré, *malgré lui,* jusqu'à la dernière évidence, l'identité de C.-G. Nauëndorff avec Charles-Louis de Bourbon fils de Louis XVI.

Des choses aussi saillantes n'ont pu échapper et n'échappent pas au Comte de Chambord, héritier de la sœur de Louis XVII;

Et qui sait s'il ne possède pas des documents plus forts, pour établir plus solidement la vérité (supposé qu'il faille encore d'autres documents, ce que nous ne croyons pas).

Donc le Comte de Chambord sait CERTAINEMENT :

1º *Qu'il possède des biens qui appartiennent à d'autres;*

2º *Que ces biens appartiennent aux héritiers directs et légitimes du prétendu Charles-Guillaume Nauëndorff qui nous est prouvé être réellement le Fils de Louis XVI;*

*3° Que Justice a été refusée par le Gou-
vernement Français, à ces héritiers, unique-
ment pour des motifs politiques, et qu'il n'a
d'autres titres à la possession d'une partie
de ses biens que ce déni de justice.*

4° Qu'il est possesseur de mau-vaise foi.

Il y a peu de temps, un savant qui oc-
cupe une des chaires d'histoire les plus im-
portantes de l'Europe, interrogé sur la valeur
des documents renfermés dans « *La Survivance* », nous répondit :

« Ou ces documents sont supposés, ou
» s'ils sont vrais, C.-G. Nauëndorff est
» bien le Fils de Louis XVI.

» Je ne vois pas comment on pourrait
» soutenir la première hypothèse, reste donc
» la deuxième.

» Fasse Dieu que les Français rendent
» aux enfants de ce Prince infortuné, la
» justice qu'ils ont refusée à leur Père !...

» Je l'avoue : je savais bien que la poli-
» tique moderne est un abîme d'iniquités;
» mais je ne la soupçonnais pas aussi cri-
» minelle. Mais comme Dieu aveugle ceux

» qu'Il veut perdre, les adversaires de ce
» Prince infortuné ne pouvaient mieux
» prouver son origine royale que par les
» persécutions dont ils l'ont harcelé.

» Confions-nous en Dieu afin que nous
» puissions chanter un jour : Voilà l'œuvre
» du Seigneur; voilà la merveille qu'il ré-
» servait à nos regards !...

» Mais dites-moi, n'est-il donc personne
» en France à portée de suggérer au Comte
» de Chambord... de rendre à cette famille
» ce qu'il retient?... Et puisqu'il n'a pas
» d'enfants, qu'a-t-il de mieux à faire que
» d'établir pour ses héritiers les fils du
» Dauphin, Fils de Louis XVI? »

Bénie soit la belle et la grande âme qui
rend un si éclatant hommage à la plus sa-
crée des causes? et qui exprime un vœu si
noble en faveur de la plus royale infortune !

Pour que cette cause triomphe et que ce
vœu se réalise, plaise à Dieu que les documents renfermés dans les Archives du
Vatican soient bientôt révélés au monde !

Plaise à Dieu que le Pontife Romain
parle ! et que l'Empereur d'Autriche et de
Hongrie vienne en aide à ses petits-neveux !

Alors la vérité que Dieu a réservée pour le salut brillera; la France de saint Louis applaudira, et le Comte de Chambord en s'inclinant justifiera à jamais cette réputation d'honneur et de probité à laquelle l'univers a si longtemps rendu hommage.

Bordeaux, J. Lamarque, imp., rue Porte-Dijeaux, 43.

www.ingramcontent.com/pod-product-compliance
Lightning Source LLC
Chambersburg PA
CBHW061155050726
47594CB00008B/3428